JN236382

フットサル&サッカーで使える
超絶テクニック30

エスポルチ藤沢・**広山晴士**の

ドリブルで
1対1に勝つ!!

MC PRESS

プロローグ

ボールはトモダチ！

　『キャプテン翼』の翼クンは、「ボールに当たっても、痛くないし怖くない」という意味で、こう言いました。でもこの本は、ボールといっしょに遊び「もっと仲の良いトモダチ」になってもらいたいと考え作っています。新たな技にチャレンジし仲良くなれば、ボールはきっと試合でもあなたの味方になってくれるはずです！

正解はひとつじゃない！

　この本では、30種類のドリブルテクニックを紹介しています。最初は僕のプレーをよく見て真似してみて下さい！　ただし、フットサルやサッカーのテクニックは正解が一つではなく、無限の可能性があります。ですから、それぞれのテクニックを自分でアレンジして下さい。大切なのは、自分のアイデアを生かすことです！

まずイメージを頭に入れよう！

　まずは、DVDの映像をよく見て下さい。そして動きのイメージを頭に叩き込んだら、実際にプレーしてみましょう。初めはうまくいかないと思います。そんな時は、またDVDを見てから挑戦してみます。本やDVDのアドバイスだけを頼りにせず、実際にボールを蹴ってイメージとの違いを自分の体で感じることがポイントです！

MC PRESS

DVD映像（ムービー）だから、ココが違う!!

フットサル＆サッカーで使える超絶テクニック30

エスポルチ藤沢・広山晴士の

ドリブルで1対1に勝つ!!

ボールの動き、体の使い方をスロー映像で徹底分析。繰り返しの再生で、イメージが頭と体にしみ込む！

DVD収録テクニック一覧

- #01 イン》イン　#02 アウト》アウト　#03 蹴りまね》切り返し
- #04 蹴りまね》足裏》後ろ通し　#05 浮かし逃げ　#06 ステップ・ステップ
- #07 足裏ころがし》アウト　#08 イン》アウト　#09 ロナウドのシザース
- #10 フィーゴのクライフターン　#11 ロベカルの方向転換
- #12 リケルメの足裏ころがし抜き　#13 足首スナップ・浮き球
- #14 ジダンのルーレット　#15 クライフターン》後ろ通し
- #16 ボール上げ》アウト》頭越え　#17 足首スナップ・ゴロ
- #18 イン》アウト》イン　#19 オコチャの足裏》またぎ　#20 足裏》シザース
- #21 ロナウジーニョのアウト》イン　#22 アウト》イン》アウト
- #23 マルティンスの引きずり押し　#24 またぎ》軸足押し》アウト
- #25 ヒールリフト　#26 もも》インステップ》頭越え
- #27 ロナウドのすね》インステップ》頭越え　#28 キャッチ・スナップ
- #29 足裏》イン》カカト上げ》頭越え　#30 ボール上げ》蹴りまね》頭越え

日本屈指のテクニシャン広山晴士による完全実演映像でプレーのタイミング、ポイントがよくわかる！

足の裏、足首のスナップ、ステップワーク、そして浮き球…。フットサル＆サッカーで使える華麗なドリブルテクニックを30種収録した45分スペシャルDVD！ファンタジスタのあの技を完全マスターしよう！

付録DVDの操作方法

この付録DVDは、本編を難易度別、技術TYPE別、スローモーション映像集に分けて収録しています。はじめに、難易度別で見る「難易度別に30種類の技を全て見る」をご覧頂き、その後用途に合わせて各項目を選び映像をお楽しみ下さい。

- **難易度別で見る**
本編映像を難易度別に分けて、広山氏の解説付きで紹介します。
- **技術TYPE別で見る**
- **スローモーションで見る**
本編映像を技術TYPE別とスロー映像集に分け、ダイジェストで紹介します。

各ボタンの説明

上の写真の画面（TOPメニュー）から各項目ボタンをクリック操作することで、それぞれの収録映像メニュー画面にジャンプします。メニュー画面では同様にお好みの項目をクリックして進み、映像をお楽しみ下さい。

なお、各メニュー画面からは以下のボタンによって、各操作をすることができます。

- **RETURN** ひとつ前のメニュー画面に戻ります。
- **TOP** 上の写真のTOPメニューに戻ります。

■注意■

本書の付録DVDはDVD-Videoです。DVD-Videoは映像と音声を高密度に記録したディスクです。DVD-Video対応プレーヤーで再生してください。本DVDはDVD-Video対応（専用）プレーヤーでの再生を前提に製作されています。DVD再生機能を持ったパソコンでも再生できますが、動作保証はできません。あらかじめご了承ください。ディスクの取り扱い、操作方法に関してのご質問・お問い合わせは、弊社は回答に応じる責任は負いません。くわしい再生上の取り扱いについては、ご使用のプレーヤーの取扱説明書をご覧ください。ご利用は利用者個人の責任において行なってください。本DVDならびに本書に関するすべての権利は、著作権者に留保されています。著作権者の承諾を得ずに、無断で複写・複製することは法律で禁止されています。また、本DVDの内容を無断で改変したり、第三者に譲渡・販売すること、営利目的で利用することは法律で禁止されています。本DVDや本書において落丁・乱丁、物理的欠陥があった場合には、TEL 048-485-3011（注文専用ダイヤル）までご連絡ください。本DVDおよび内容に関するご質問は、電話では受け付けておりません。恐れ入りますが、本書編集部まで葉書、封書にてお問い合わせ下さい。

ファンタジスタの技にチャレンジ!!

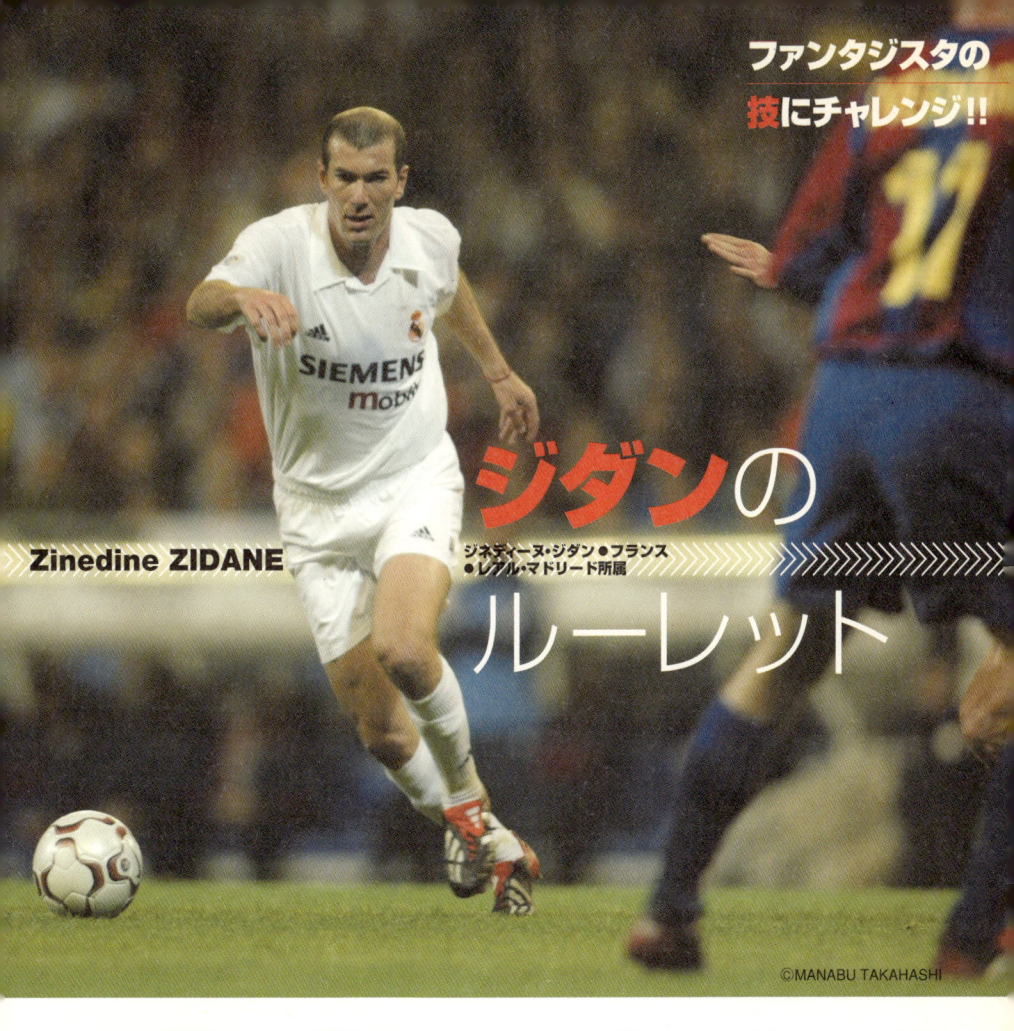

Zinedine ZIDANE

ジネディーヌ・ジダン ●フランス
●レアル・マドリード所属

ジダンのルーレット

©MANABU TAKAHASHI

ジダンがマルセイユでの少年時代に編み出した、ルーレットのように回転しながら相手をかわす必殺技だ！

#14
ジダンのルーレット
>> **42**ページ

● 05

ブラジルではエラスティコ(ゴムひも)と呼ばれる美技。ロナウジーニョのやわらかいタッチをマスターしよう！

#21
ロナウジーニョのアウト》》イン
》》**58**ページ

©MANABU TAKAHASHI

ロナウジーニョの
Ronaldo De Assis Moreira 》》》"RONALDINHO GAUCHO"　　ロナウジーニョ●ブラジル ●FCバルセロナ所属
アウト》》イン

ファンタジスタの技にチャレンジ!!

ロナウドのシザース

"RONALD" Luiz Nazario De Lima

ロナウド●ブラジル
●レアル・マドリード所属

©MANABU TAKAHASHI

超高速のドリブルから大きな動作でボールをまたぐロナウドの決め技。足先でなく体全体でDFを揺さぶろう!

#09
ロナウドのシザース
>> **30**ページ

● 07

1970年代から伝わる切り返しの技。
その職人芸は、フィーゴが
クライフから受け継いだ。次は君の番!?

#10 フィーゴのクライフターン
>> **32**ページ

©MANABU TAKAHASHI

ファンタジスタの
技にチャレンジ

ルイス・フィーゴ●ポルトガル
●レアル・マドリード所属

フィーゴの
Luis Caeiro FIGO
クライフターン

フットサル＆サッカーで使える超絶テクニック30

エスポルチ藤沢・**広山晴士**の

ドリブルで1対1に勝つ!!

Contents もくじ

プロローグ	02
付録DVDについて	04
ファンタジスタの技にチャレンジ！	05

難易度A　さぁ、今日からはじめよう！
Rank A　Let's start today

#01	イン》イン　足首TYPE	12
#02	アウト》アウト　足首TYPE	14
#03	蹴りまね》切り返し　足首TYPE	16
#04	蹴りまね》足裏》後ろ通し　足裏TYPE	18
#05	浮かし逃げ　浮き球TYPE	20
#06	ステップ・ステップ　ステップTYPE	22

難易度B　チームメイトに自慢しよう！
Rank B　Show our techniques to your friends!

#07	足裏ころがし》アウト　足裏TYPE	26
#08	イン》アウト　足首TYPE	28
#09	ロナウドのシザース　ステップTYPE	30
#10	フィーゴのクライフターン　ステップTYPE	32
#11	ロベカルの方向転換　ステップTYPE	34
#12	リケルメの足裏ころがし抜き　足裏TYPE	36
#13	足首スナップ・浮き球　浮き球TYPE	38

●09

難易度C ピッチの主役はもらった！
Rank C You're the star on the pitch

#		
#14	ジダンのルーレット 足裏TYPE	42
#15	クライフターン » 後ろ通し ステップTYPE	44
#16	ボール上げ » アウト » 頭越え 浮き球TYPE	46
#17	足首スナップ・ゴロ 浮き球TYPE	48
#18	イン » アウト » イン 足裏TYPE	50
#19	オコチャの足裏 » またぎ 足裏TYPE	52
#20	足裏 » シザース 足裏TYPE	54

難易度D 明日のファンタジスタは僕だ！
Rank D I'll be a new fantasista!

#		
#21	ロナウジーニョのアウト » イン 足首TYPE	58
#22	アウト » イン » アウト 足首TYPE	60
#23	マルティンスの引きずり押し 足首TYPE	62
#24	またぎ » 軸足押し » アウト ステップTYPE	64
#25	ヒールリフト 浮き球TYPE	66
#26	もも » インステップ » 頭越え 浮き球TYPE	68
#27	ロナウドのすね » インステップ » 頭越え 浮き球TYPE	70
#28	キャッチ・スナップ 浮き球TYPE	72
#29	足裏 » イン » カカト上げ » 頭越え 浮き球TYPE	74
#30	ボール上げ » 蹴りまね » 頭越え 浮き球TYPE	76

エピローグ　78
著者紹介　79

Column コラム
Vol.1「ドリブルと日本サッカー」
もっとドリブルしようよ！　24

Vol.2「ドリブルをアレンジしてみよう！」
アイデアは無限大だ！　40

Vol.3「ドリブル上達の近道」
みんなストリートでうまくなった！　56

技術TYPE・アイコン表示の見方

本書および付録DVDでは30種類のテクニックを難易度のほかに4つの技術TYPE別に分類して紹介しています。それぞれの技は以下のアイコンによって表示してあります。

足首TYPE
主に足首での切り返しで相手をかわすテクニックです

足裏TYPE
主に足裏でのボールころがしで相手をかわすテクニックです

ステップTYPE
主にステップワークで相手をかわすテクニックです。

浮き球TYPE
主に浮き球で相手をかわすテクニックです。

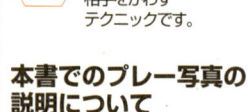

本書でのプレー写真の説明について

各テクニックを連続写真で解説するページでは、ボールの動きを上のように矢印で表現しています。実際のプレーでは、角度や動きが必ずしも一致しない場合があります。DVDの映像と合わせ、実践しながらご確認、ご活用下さい。

本書とDVDの活用法

まず付録DVDを見て、テクニックのポイントをしっかりと理解しましょう。イメージができあがったら、ボールと本書を持って、いざグラウンドへ！ 本書の解説を参考にしながら実際にプレーし、テクニックをマスターしよう！

各テクニックの説明の中の「右」「左」などの表現は、基本的に攻撃側選手から見たものです。また、基本的に右利きの人を想定して説明していますが、左利きの人は左右を逆に入れ替えてやってもまったく問題はありません。

Let's start today!
さあ、今日からはじめよう！

難易度A
Rank A

難易度 **A** イン》イン #01

足首TYPE

インサイドの連続タッチでかわす

インサイドでパスを出すフリをして、すかさずもう一度インサイドで切り返すテクニック。パスを出すフリとスムーズな連続タッチでDFを翻ろうしよう！

03 >>> DFの動きに注意して適度な間合いにまでつめる

04 >>> 右足インサイドでパスを出すようにバックスイング

07 >>> 右足インサイドで切り返す

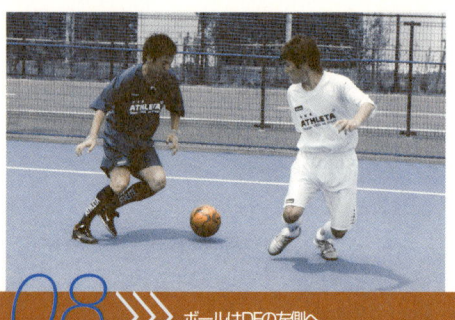

08 >>> ボールはDFの左側へ

10 >>> DFの体勢が崩れている間に加速する

11 >>> 次のプレーを意識しながら

01 ▶▶▶ DFとの距離を適度に保ちながら、右足の前でボールをコントロール

02 ▶▶▶ ドリブルの方向は、DFに対して斜め右に

05 ▶▶▶ 本当に右足インサイドで外側にパスを出すように軽くボールに触れる

06 ▶▶▶ ワンタッチした後すぐ、ボールの右側に足を回す

09 ▶▶▶ 左足アウトサイドで、さらに一歩踏み出す

12 ▶▶▶ 一気に抜き去ろう！

ココがポイント！
視線、軸足の向きなど体全体を使ってフェイント

まず、最初のインサイドのタッチでDFをだますために、視線、体の向き、軸足の方向などを意識して、本当にパスを出すようなフリをする。次の瞬間に左に切り返して、DFを抜き去る。インサイドでの2つのタッチを、リズム良くスピーディに行なうことがポイント。

13

難易度 A　アウト》アウト　#02

足首TYPE

アウトサイド2回でDFを置き去り!

#01の「イン→イン」と同様、最初にアウトでパスを出すフリをして、さらにアウトで切り返すテク。最初のアウトでDFをだまして、次のアウトで急角度に方向転換しよう!

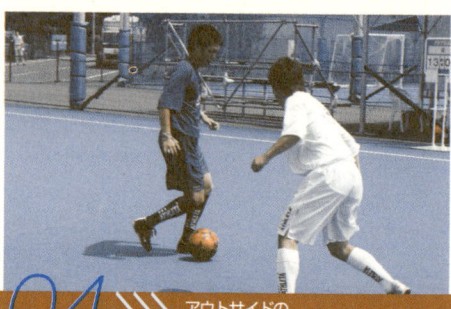

03 》》》 DFに背後のスペースもしくは攻撃側選手の存在を意識させる

04 》》》 アウトサイドのキックモーションに入る

07 》》》 右足アウトサイドをボールの下にもぐらせて、右方向へ

08 》》》 右足の着地と同時に体も右方向へ踏み出す準備をする

10 》》》 体を起こしながらボールを押し出す

11 》》》 DFの体勢が崩れている間に、加速する

01 >>> ボールは右足で
コントロールできる位置に置く

02 >>> DFとの間合いを保ちながら、
DFの左側に向けて進む

05 >>> そのままアウトサイドで
キックするように軽くボールに触れる

06 >>> キックした足が地面に着地する前に、
足をボールの左側に運ぶ

09 >>> そのまま体とボールを右方向へ

12 >>> スピードアップして一気に抜き去る

ココがポイント！
1回のステップ中に
アウトで2回タッチ

普通、右足で1回ボールタッチをすれば、その足を着地して次に左足を踏み出すことになる。しかし、この技では右足アウトサイドでボールに1回触った後、そのまま地面に着けずに1回のステップの中で、再度右足アウトサイドでボールにタッチする。リズム良くやってみよう！

15

難易度 **A** 　蹴りまね ≫ 切り返し　　　　　　　　　　　#03

サイドでの切り札！
鋭く切り返そう

足首TYPE

特にタッチライン際やサイドを駆け上がる選手は、必ずマスターしたいテクニック。
DFがクロスボールをしっかりブロックしに来ることを利用しよう！

03 ≫ 左手を大きく振り上げ軸足を踏み込む

04 ≫ 本当に蹴るつもりでギリギリまでキックモーションを維持する

07 ≫ 右足が着地するのとほぼ同時にインサイドで鋭く切り返す

08 ≫ 切り返したボールが左足前に流れるのに合わせて左方向へ

10 ≫ DFが体勢を立て直す前にスピードアップ

11 ≫ 次のプレーのために目線もなるべく上げて

16

01 >>> 右サイドなどDFが自分の左側にいる状態で前方に向かってドリブル

02 >>> 右サイドであればクロスを入れる要領でキックの体勢に入る

05 >>> キックモーションにDFが釣られる

06 >>> 蹴り足の軌道を変えて、ボールの右側にインサイドを回りこませる

09 >>> 左足でボールを前に進める

12 >>> DFを1人抜いたことによるチャンスを最大限利用しよう！

ココがポイント！
キックフェイントで DFを完全にだまそう！

このテクニックのポイントは、キックフェイントでDFを自分の前に飛び込ませること。ゴール前でのシュートやサイドでクロスを上げる場面で使ってみよう。もしDFがキックのブロックに来なかったら、そのままキックしてシュートやクロスを成功させてしまおう！

難易度 A　蹴りまね》足裏》後ろ通し　#04

足裏TYPE

DFも触れぬ後ろ通しトリック！

こちらもキックフェイントによるテクニック。DFからより遠いところでボールを扱うので、ボールを奪われる可能性がより低くなるはず。

03 》》 左手を上げてキックモーションに入る

04 》》 ボールは軸足からやや離れた位置に置く

07 》》 振り下ろした足の裏でボールの上を押さえる

08 》》 足裏を使ってボールを軸足の裏へ引くと同時に軸足を少し前に出す

10 》》 軸足の後ろを通して左側へ

11 》》 ボールを左足アウトサイドの前に持って来る

01 》》》	クロスやシュートなど DFが左側にいる場面で	02 》》》	右足でキックしやすい位置に ボールを進める

05 》》》	軸足を踏み込みながら、 蹴り足をバックスイング	06 》》》	そのままインステップキックの要領で 蹴り足を振り下ろす

09 》》》	ボールを引きながら 右足インサイドにボールを持って来る

12 》》》	左足のアウトで 一気にDFの左側へ抜ける

ココがポイント！

ボールを引くと同時に
軸足を少し前に出そう！

軸足の後ろにボールを運ぶ際に、ボールを引くと同時に軸足を少し前に踏み出すのがポイント。踏み出す幅はほんの少しだが、1人ひとり個人差があるので繰り返し試してみて欲しい。そうすることによって一連のプレーがよりスムーズにできるようになるはずだ。

| 難易度 A | 浮かし逃げ | #05 |

浮き球TYPE

スライディングを ヒラリとジャンプ！

ルーズボール気味のボールに対してDFのタックルをジャンプでかわすテクニック。
ジャンプした後にボールが体から離れないように気をつけよう！

03 >>> つま先をボールの下に差し入れる

04 >>> 足首を固定してボールをすくい上げる

07 >>> 着地の体勢に入っても、ボールから目を離さない

08 >>> しっかりと着地。着地点とボールの両方に注意をする

10 >>> ボールとともにDFから離れる

11 >>> バウンドを計算しながらボールを追う

01 味方からのパスに対して、スライディングを予測して体勢を整える	**02** ボールを目で追いながらもDFの動きを視界にとらえておく
05 ももを上げながらジャンプして、DFのスライディングを飛び越える	**06** 体からボールが離れないように
09 バランスを取りながら、すかさず足を踏み出し、次のプレーを準備	
12 ボールを良く見て次のプレーへ	

ココがポイント！
DFに飛び込ませるタイミングでアプローチ

この技はDFがスライディングタックルを仕掛けて来たときに有効だが、そういう状況でなくても、わざとボールへの接近を遅らせ、DFにスライディングをさせるという方法もある。高度な技だが、成功すれば抜かれたDFは追うこともできず、チャンスになるのは間違いない。

難易度 A　ステップ・ステップ　#06

ステップTYPE

サンバのリズムでDFを揺さぶれ！

真正面でどっしりと構えたDFと対峙したり、静止した状況からの動き出しなど、やや不利な状況を脱するテクニック。小刻みなテンポでDFを左右に揺さぶろう！

03 >>> ボールを両足の中間あたりに置きつつ、視線はDFの方に向ける

04 >>> DFの反応を良く見ながら、左右に細かくステップを踏む

07 >>> 上半身をやや左側に倒してから、左足で地面を蹴って右方向へ

08 >>> 右足アウトサイドで右側へボールを押し出す

10 >>> DFについて来られないようにスピードアップ

11 >>> ボールとともに前へ

22

01 ≫ DFに対してほぼ正面からまっすぐに向かっていく	**02** ≫ ボールを体から離さずにDFとの間に適度な間合いを取っておく
05 ≫ DFが左右に反応したり硬直したスキをつき左へステップを踏み出す	**06** ≫ 踏み出した左足で踏ん張る
09 ≫ 左足で地面を蹴って前へ	
12 ≫ 次のプレーへ移行する	

ココがポイント！
つま先でボールの真横にステップを踏もう！

ボールのほぼ真横で小刻みに何度かステップを踏み、ＤＦの体勢が崩れた瞬間に逆を取って抜け出そう。守備の準備ができ、ほぼ万全な態勢で向き合うＤＦに対しては、ステップでしっかり左右に揺さぶることと、動きに注意してタイミング良く逆を取ることが大切だ。

Column vol.1 　**ドリブルと日本サッカー**

もっとドリブルしようよ！

　日本人のサッカーは、基本的にパスが中心で、ドリブルでの突破は非常に少ないと言えるでしょう。日本代表の活躍など近年、飛躍的に発展してきた日本サッカーですが、現在は少し壁に突き当たっているように見えます。パスをきれいに回してゴールに迫りますが、あと1歩でゴールにならないというシーンをよく見かけませんか？

　この日本の壁を突き破るカギのひとつが「ドリブル突破」ではないかと僕は考えます。そこでこの本では、ドリブルだけを取り上げました。攻守の人数が3対3の局面で、ドリブルでDFをひとり突破すれば、非常に有利な状況を作れます。DFにとっても、パスしかしない選手より、ドリブルを仕掛けてくる選手は怖いもの。

　ドリブルに魅力を感じ、そして"仕掛け"の意識を持って欲しい！　それが僕の伝えたいことです。

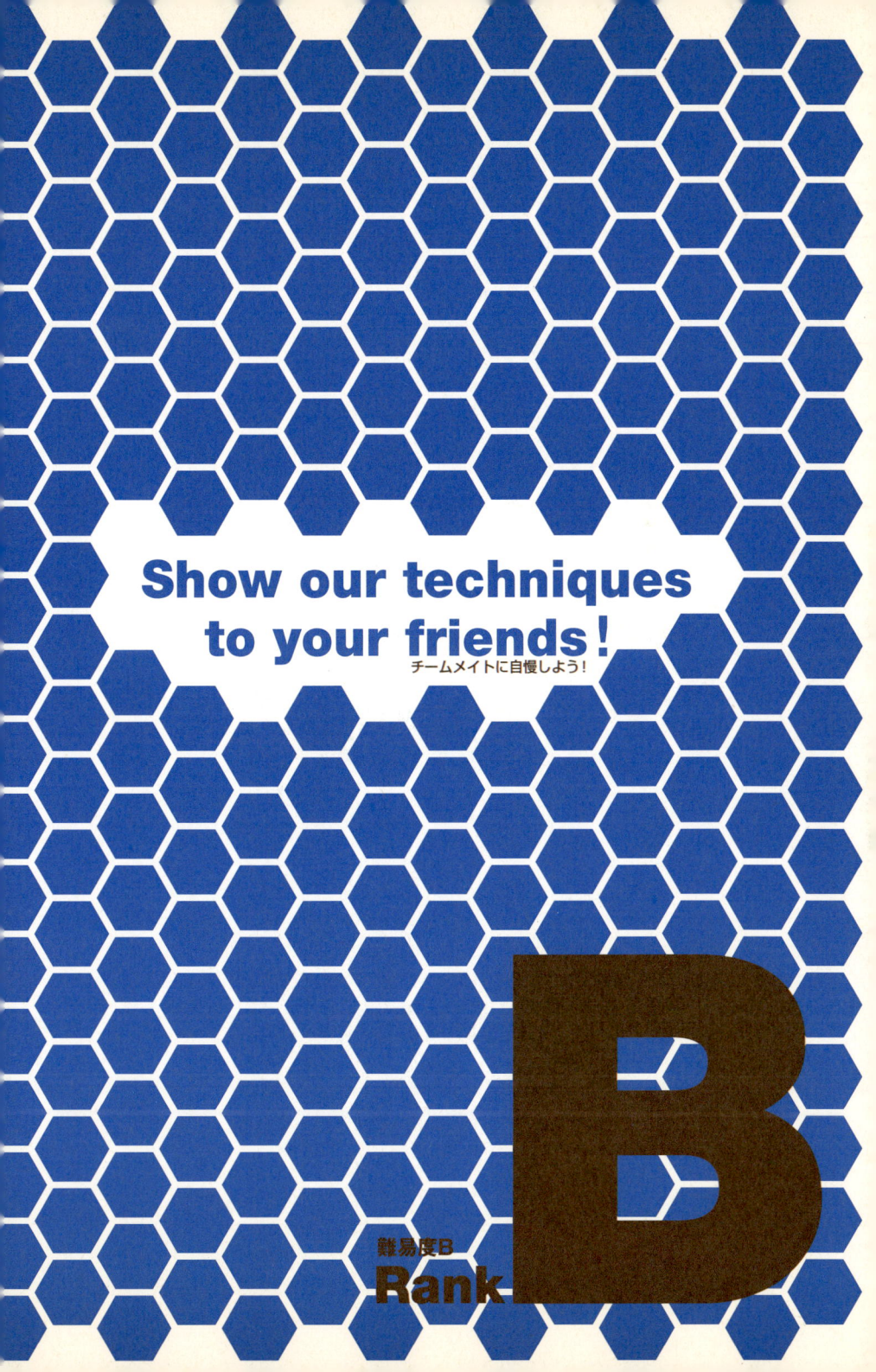

Show our techniques to your friends!

チームメイトに自慢しよう！

難易度B
Rank

B

難易度 B | 足裏ころがし ≫ アウト | #07

足裏TYPE

パス動作で DFをフリーズ！

ピッチの左サイドにいながら右足でボールを持っているときなど、中に切り込むために便利に使えるテクニック。足裏からアウトのコンビネーションをマスターしよう！

03 ≫ DFの動きに注意しながら、視線で背後のスペースをDFに意識させる

04 ≫ 左斜め前方向の味方にパスを出すつもりで、右足を振り上げる

07 ≫ DFがパスコースを消しに動いたことでできた右側のスペースを確認

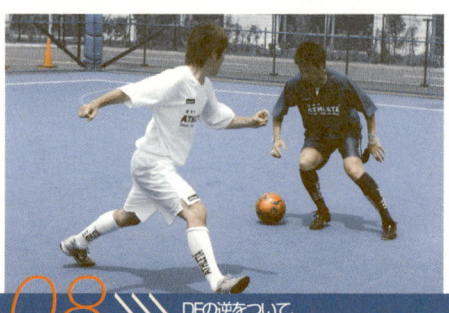

08 ≫ DFの逆をついて、右足アウトサイドで右側へ

10 ≫ 再びアウトサイドでタッチ

11 ≫ DFは完全に視野からボールを失っている

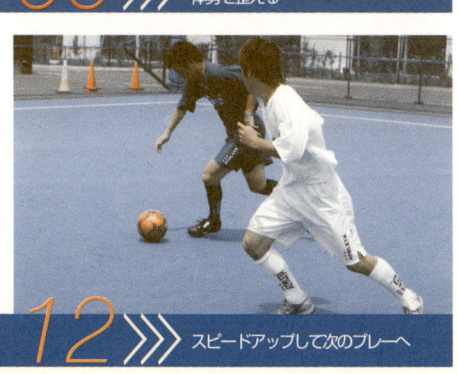

01 >>> 右斜め前のDFに対して、ボールを右前に置きながら進む

02 >>> DFを引きつけつつも、自分の動きやすい間合いを保つ

05 >>> 振り下ろした足でボールを蹴らずに足裏を使い、左足前にボールをころがす

06 >>> ボールの前方をふさぐように右足を送り、アウトで急激に方向転換

09 >>> 右方向へ飛び出すように体勢を整える

12 >>> スピードアップして次のプレーへ

ここがポイント！
DFをだます
視線のフェイント

インサイドでパスをすると見せかける際に重要になるのが、体の向きと視線。味方をもだますくらいの演技力が必要だ。足裏のコントロールは少しゆっくりでも大丈夫。逆にアウトサイドのタッチはスピードを上げて緩急をつけると、DFはついてこられないはずだ。

27

難易度 **B** イン ≫ アウト　　　#08

足首TYPE

右かと思えば左
DFお手上げの早技

インサイドとアウトサイドの連続2タッチのスピードでDFを翻ろう。
シンプルだけど使い勝手が良く、なおかつ有効なテクニックだ。

03 ≫≫ ボールをDFの左側方向にころがし、タテ突破の体勢をつくる

04 ≫≫ 右足を大きく引く

07 ≫≫ ボールに沿って、右足アウトサイドをボールの左側に持って来る

08 ≫≫ アウトサイドでボールを右方向へ持ち出す

10 ≫≫ そのまま前方へ

11 ≫≫ DFが体勢を立て直す前にDFから離れる

01 ≫	右足でボールをコントロールして、DFに向かう
02 ≫	DFとの間合いを保つことに注意する
05 ≫	右足インサイドでDFの左側を抜いていくように右足を振り下ろす
06 ≫	インサイドで軽くボールにタッチして、少しだけボールを進める
09 ≫	完全にDFの逆をつく
12 ≫	次のプレーに入る

ココがポイント！

インのタッチはボールの下をインフロントで

このテクニックも1タッチ目と2タッチ目にステップを入れないもの。1タッチ目はボールのやや下側をインフロントでするようにやさしくタッチする。すると、ボールが回転し、モーションのわりにボールを押し出さずほとんど同じ場所にとどめることができるのだ。

難易度 B

ロナウドのシザース #09

ステップTYPE

フィニッシュ前の必殺外またぎ！

ロナウドが大得意とするドリブルテクニック。スピードに乗ってゴールに向かい、最後のDFを抜き去ってシュートという、大きな見せ場で使われる技だ。

03 >>> 左足をボールの近くに踏み込む

04 >>> 右足を大きく振り上げる

07 >>> 着地した右足で踏ん張る

08 >>> 逆方向へ出るために、左足をボールの内側に持って来る

10 >>> 体を起こして前方へ

11 >>> さらに踏み出してDFから離れる

ロナウド……1976年9月22日生まれ、リオデジャネイロ（ブラジル）出身。スペインの名門、バルセロナなどを経て2002年に現在所属するレアル・マドリードへ。スピードを生かしたドリブルと早いタイミングのシュートでゴールを量産する怪物ストライカー。

01 〉〉〉 （局面はゴール前の最後の突破の部分）

02 〉〉〉 DFに向かって、ほぼ正面から向かって行く

05 〉〉〉 振り上げた右足を、ボールの左→前へと回しこむ

06 〉〉〉 回してきた勢いを利用し、右足を大きく自分の体の右側へ踏み出す

09 〉〉〉 左足アウトサイドでボールにタッチして左方向へ

12 〉〉〉 次のプレーに進む

ココがポイント！

スピードに乗って大きくまたごう！

この技は、トップスピードから大きくまたぐのがポイントとなる。その際、ヒザから下だけではなく、腰から回転させるような感じで、意識して大きくまたごう。腰から体を前に出して、大きくまたぐことによって、体も斜め前に大きく移動する。それによりDFが幻惑されるのだ。

31

難易度 B

フィーゴのクライフターン #10

ステップTYPE

切れ味勝負の超有名テクニック

70年代のスーパースター、クライフが生み出した必殺技がいまやフィーゴに受け継がれた。サイドやゴール前のキックフェイントでDFを振り切ろう！

03 ≫≫ ボールをDFから遠い位置に置いてドリブル

04 ≫≫ 大きな動作でキックモーションに入る

07 ≫≫ 立ち足をしっかり着いて、蹴り足の軌道を外側にずらす

08 ≫≫ 蹴り足をそのままボールの右側に回し込む

10 ≫≫ 体全体を左方向にひねりながら、左方向へ

11 ≫≫ 次のプレーを意識して切り返しの強弱は調節する

ルイス・フィーゴ……1972年11月4日生まれ、リスボン（ポルトガル）出身。バルセロナなどを経て現在レアル・マドリード所属。特に右サイドでのドリブル突破力に定評がある、個人技大国ポルトガルを代表するドリブラー。ヨハン・クライフ……P44参照

| 01 >>> | (写真の局面は右サイドを想定)
DFを左に見て、右足でボールを持つ |
| 02 >>> | DFから遠い方の右足で
ボールを前方に進める |
| 05 >>> | DFの位置を気にしながら
そのままボールを蹴る体勢に |
| 06 >>> | 蹴り足を大きく振り上げる |
| 09 >>> | 右足インサイドで足が地面に着くと
ほぼ同時に軸足の後ろ側へ切り返す |
| 12 >>> | DFから離れて次のプレーへ |

ココがポイント！

切り返すタッチは
インサイドの少し前

切り返す際にボールにタッチする場所はインサイドの少し前で行なおう。一気に逆のスペースに出て行くのか、もしくはあまりスペースがないので、体の向きを変える程度なのかを考えて、タッチの強弱を調節。スペースがある場合は、スピードに乗るためにやや強めにタッチ。

難易度 B　ロベカルの方向転換　#11

ステップTYPE

稲妻の速さで
マークを置き去り！

ロベカルことロベルト・カルロスが見せるサイドから中に切り込むテクニック。
サイドをスピードに乗って攻め上がった際に使ってみよう！

03 >>> ボールはDFから遠い左足で扱う

04 >>> スピードに乗ったドリブルでDFにライン際のタテ突破を警戒させる

07 >>> 右足をブレーキにして、急激にストップ

08 >>> 体を沈み込ませて、前方向へのスピードを吸収

10 >>> そのまま中へドリブル

11 >>> ルックアップして状況を確認

01 》》》（状況は左サイドタッチライン際を攻め上がった場面を想定）

02 》》》DFを右斜め前に見ながら、ライン際をドリブル

05 》》》スピードダウンして、左足をボールの前に運ぶ

06 》》》左足カカトで右斜め後ろに切り返し、左足と交差するように右足を前に出す

09 》》》左足で地面を強く蹴って右へ方向転換

12 》》》シュートなど次のプレーに入る

ココがポイント！
ステップの運びとタイミングに注意

まず大切なのがトップスピードでタテへつき進むこと。それによりDFはタテ（タッチライン際）を警戒してポジションを外側に移動するはずだ。左足で切り返すと同時に右足を前に送り、一気に内側へ方向転換という一連のステップの運びとタイミングに注意して練習しよう！

難易度 **B**

リケルメの足裏ころがし抜き #12

足裏TYPE

これぞ足裏使いの究極スタイル！

アルゼンチンの天才・リケルメによる、足裏テクニック。右利きの選手は左サイドで、左利きの選手は右サイドで有効だ。一気にスピードアップして突破しよう！

03 >>> もう一度足裏でボールにタッチ

04 >>> 再び足裏でボールを右から左にころがす

07 >>> 間合いを詰めてきたDFに対して、誘うように足裏でボールにタッチ

08 >>> タックルに来たDFより一瞬早く、足裏を使って大きくボールを左方向へ

10 >>> DFとすれ違うように体を前方にひねって、前へ

11 >>> 左足のインサイドでボールをタッチしてドリブルに入る

ファン・ロマン・リケルメ……1978年6月24日生まれ、ブエノスアイレス（アルゼンチン）出身。ボカ・ジュニオルズ、バルセロナを経てヴィジャレアルへ。ストリートサッカーで育まれた、型にはまらないプレーが魅力的。足裏のテクニックは絶品だ。

01 >>> （左サイドでタッチラインを背にした状況）右足の足裏でボールを左へ

02 >>> 右足の足裏でなでたボールをそのまま左方向へころがす

05 >>> ボールのころがる方向にサイドステップ気味で体を運ぶ

06 >>> DFがいつ飛び込んでくるか、ルックアップしてタイミングをはかる

09 >>> ボールをころがした右足を着き、うまくステップを踏んで足を入れ替える

12 >>> DFを完全に置き去りにし、次のプレーへ

ココがポイント！
最初はゆっくり大きく抜く時は速く！

足裏で2、3度ボールをころがし、DFが飛び込んできたところで、足裏を使って大きく逃げる。DFを誘うときは「ゆっくり大きく」、抜くときは「速く」がポイント。DFをよく見てタイミングをはかろう。足裏タッチの位置はつま先寄りで、指でボールをつかむイメージ。

難易度 **B** 足首スナップ・浮き球 #13

浮き球TYPE

絶体絶命から脱出するクール技

例えばライン際やコーナー、そしてゴール前の密集地帯でこの技をやってみよう。
そんな状況でも、ちょっと発想を切り替えれば突破することができるのだ

03 >>> DFが飛び込んでくるタイミングに合わせてボールを1度地面に落とす

04 >>> 跳ね返るボールがショートバウンドのうちに足の甲をボールの下へ

07 >>> 左足を軸に右に体を開きながら前へ

08 >>> ボールの落下地点を読みながら、DFと体を入れ替える

10 >>> DFの体勢が崩れている間になるべくDFから離れる

11 >>> ボールを押さえるか、それとも浮き球のプレーでいくかをイメージ

01 >>> DFに背を向けて軽くリフティング

02 >>> リフティングをしながらも、注意はDFへ

05 >>> ボールがDFの頭上を越えるよう、足首のスナップでコントロール

06 >>> ボールを目で追いながら、タテへ抜け出すために半身の姿勢に

09 >>> ボールを良く見て次のプレーをイメージ

12 >>> ボールをコントロールし、次のプレーへ

ココがポイント！
ハーフボレーの要領でボールを上げよう

まずは、リフティングをあまり大きくしすぎないこと。そしてＤＦに背を向けながらも、ＤＦとの間合いや寄せのタイミングをしっかりはかって、ボールを上げる。ハーフボレーの要領で、ボールの下に足の甲を入れ、足首のスナップを利かせて、ＤＦの頭上を抜こう！

Column vol.2　ドリブルをアレンジしてみよう!

アイデアは無限大だ!

01

右足裏でボールを左側へころがす

02

右足裏でさらに左方向へ行くフリをする

03

DFの読みの裏をついて、股抜きする

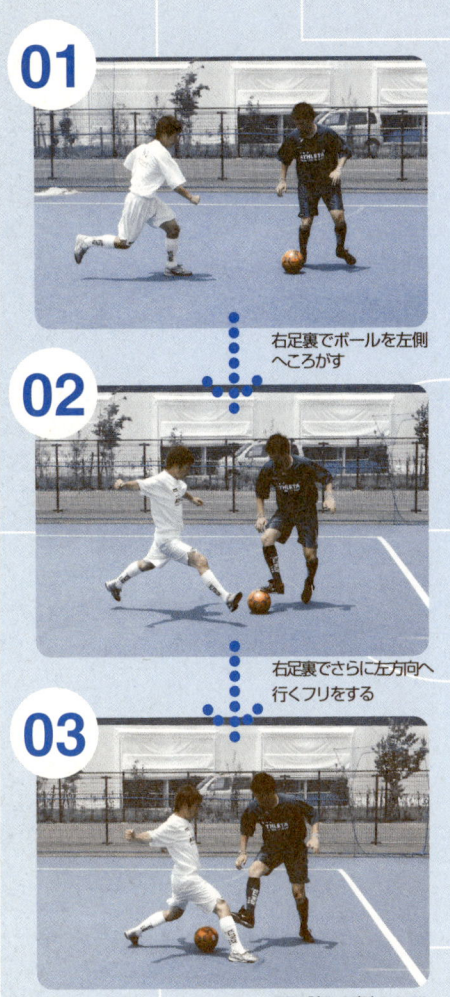

　左のプレーは、#12「リケルメの足裏ころがし抜き」を撮影したときの僕のちょっとしたイタズラです。本当は、左側へボールを大きくころがして、抜けていくだけのプレーなんだけど、DF役の選手が自分の足を大きく踏み出して、ボールを止めようとしていたから、僕はとっさの判断でその裏をつき、股抜きにチャレンジ。結果はご覧の通り！　DFの彼は、非常に悔しがっていました。

　でもこのイタズラ心こそ、サッカーの神髄だと僕は思います。相手が「こうくるだろう」と思っていることの裏をついて、自分のひらめきを実行する。この本のやり方にこだわる必要はまったくありません。このプレーのように、自分でドンドン工夫をしてみましょう。

You're the star on the pitch!
ピッチの主役はもらった！

難易度C
Rank

C

難易度 C

ジダンのルーレット #14

足裏TYPE

ピッチの王様 ご自慢の決め技

いまや世界一有名(?)なテクニックのマルセイユ・ルーレット。
誰もが知っている技だけに、完璧にマスターしてライバルに差をつけよう！

03 》》》 右前の方向へ抜くために、最初のタッチは右足を伸ばす

04 》》》 右足の足裏でボールを押さえる

07 》》》 DFを自分の体でブロックしながら、左足裏でボールを引く

08 》》》 ボールの軌道に合わせて、DFとの間に体を入れたままさらに回転する

10 》》》 体を回転させながら、再び右足裏でボールにタッチ

11 》》》 足裏でボールをなでて、前方にボールをころがす

ジネディーヌ・ジダン……1972年6月23日生まれ、マルセイユ(フランス)出身。ボルドー、ユヴェントスなどを経て、レアル・マドリードへ。言わずと知れた現代のサッカー界に君臨するスーパースター。そのテクニックは見る者すべてを魅了してやまない。

01 »» （ドリブルが大きくなってしまった
ときなど、ルーズボール気味の状況）

02 »» DFの角度、
自分の抜け出る方向を確認

05 »» 足裏でボールを少し手前に引く

06 »» 体の回転とともに引いた足を着地して
軸足に替え、左足裏でボールを押さえる

09 »» DFを完全にブロックして、
そのままボールをころがす

12 »» DFを抜き去り、次のプレーへ

ココがポイント！
DFに体を預けて
ブロックしよう！

ルーズボールやドリブルにＤＦが寄せてきたときに使う。ＤＦをボールに対して飛び込ませて、自分の体をＤＦにぶつけるような感覚でやってみよう。最初のタッチで引くのが大変であれば、止めるだけでもＯＫ。状況によって右にも左にも抜けるようになれば、鬼に金棒だ。

難易度 C

クライフターン ≫ 後ろ通し

#15
ステップTYPE

絶妙コンボで
DFの悔しさ100倍！

#10の「フィーゴのクライフターン」から間髪入れずに後ろ通しを行なう連続テクニック。
DFから見れば、ボールが2度も視界から隠れるため、非常に守りにくいはずだ

03 ≫ 蹴り足を振り下ろす

04 ≫ 右足インサイドをボールの右側から回す

07 ≫ ボールとともに自分も左方向へ抜けていくフリをする

08 ≫ さらに進んでDFを完全に引きつける

10 ≫ 足裏でボールを引き、さらに左足インサイドで右足の後ろを通す

11 ≫ 右足アウトの前に出てきたボールをアウトサイドで前方へ運ぶ

44　ヨハン・クライフ……1947年4月25日生まれ、アムステルダム（オランダ）出身。74年W杯ドイツ大会でトータルフットボールを標榜するオランダ代表のキャプテンとして世界中に衝撃をもたらす。カリスマ性にあふれたスーパースター中のスーパースター。

| 01 ≫ | DFを左に見ながら前方へドリブル | 02 ≫ | 大きなキックモーションを入れる |

| 05 ≫ | 体をひねって、右足インサイドで、ボールを左足の後ろに通す | 06 ≫ | ボールを左足より前に来るようそのままころがす |

| 09 ≫ | DFが寄せてきたことを察知し、左足裏でボールをストップ |

| 12 ≫ | 視線を上げて、次のプレーへ |

ココがポイント！

ボールを引くと同時に軸足を少し前にステップ

クライフターンと後ろ通しのコンビネーション。まずは、それぞれができるように練習しよう。また、クライフターンが右足なら、後ろ通しは左足と、両足でボールを扱わなければならない。後ろ通しは、ボールを引くと同時に軸足を少し前にステップすることがポイントになる。

難易度 **C**

ボール上げ ≫ アウト ≫ 頭越え　　#16

浮き球TYPE

華麗な浮き球技でDFを手玉に取ろう!

DFがやや離れた状態からプレッシャーを掛けに向かって来ている状況で使えるテクニック。アウトサイドでのボール上げでDFを読み、再びアウトでDFの頭上を抜き去ろう!

03 ≫ 踏み込むとほぼ同時に足の外側を浮かせ、ボールを当てる

04 ≫ 上がったボールをよく見つつも、DFとの間合いに注意する

07 ≫ 右足アウトサイドで、ボールを上げDFの裏へ

08 ≫ ボールを横目に見ながら、飛び込んできたDFの背後へ

10 ≫ 次のプレーをイメージしながら落下点へ

11 ≫ ボールをしっかり目で追う

| 01 >>> | 右方向からのパスに対して、半身になってボールを迎える |

| 02 >>> | 右足アウトサイドをボールに向けボールの下に軽く踏み込む |

| 05 >>> | 体を左に傾けてDFの背後のスペースに抜けるイメージを持つ |

| 06 >>> | 落ちてきたボールを良く見る |

| 09 >>> | ボールを良く見て落下地点を予測 |

| 12 >>> | ボールを押さえて次のプレーへ |

ココがポイント！

最初のボール上げですべてが決まる

この技はなんと言っても、アウトサイドでのボール上げが重要になる。ボールを迎える際は、右足の場合、軽く踏み込みながら、ボールが触れる瞬間に、右ヒザを内側に倒して、右足外側を地面から浮かせる。次のタッチはDFの頭上ギリギリを抜くよう意識しよう

47

| 難易度 C | **足首スナップ・ゴロ** | #17 |

浮き球TYPE

さりげない動作で瞬間移動！

足首のスナップを使って、ゴロのボールを上げ、ＤＦの頭上を抜くという
シンプルに見えるけどかなり難しい技。まずは少しずつボールが上がるよう練習しよう！

03 ヒザを下ろしながら、右足の甲をボールの下に差し入れる

04 ヒザをピンと伸ばし、同時に右足首を一気に上に曲げて、ボールを上げる

07 ボールがDFの頭上を越えるのを確認して、DFの背後の方向へ

08 ボールをしっかり見ながら落下地点に向かう

10 まわりの状況を確認しながら前方へ

11 ボールの落下地点を読み、バウンドを計算する

01 >>>	DFを背にして正面からのパスを待つ	02 >>>	ボールが近づいてきたら、右ヒザを曲げて少し上げる
05 >>>	ボールとDFに注意しながら、体を右に回転させる	06 >>>	ルックアップしてDFの裏のスペースを見ながら、右足を踏み出す
09 >>>	ボールとDFに注意しつつも、次のプレーをイメージ		
12 >>>	ボールを押さえて次のプレーへ		

ココがポイント！
足首だけでなくヒザも使ってボール上げ

この技は文字通り足首のスナップを使ってボールを上げるものだが、同時にヒザの使い方にも注意してみよう。ボールが来るまでは、ヒザはやや曲げて足を少し地面から上げておく。ボールに触れるとほぼ同時に、急激にヒザを伸ばしてやわらかいボールが上がるようにしよう。

難易度 **C** イン》》アウト》》イン　　　#18

足首TYPE

裏の裏を突いて DFを幻惑する！

#08の「イン→アウト」にさらにインサイドを組み合わせた複合テクニック。
ボールタッチでDFを左右に振り、体勢が崩れたところで一気に抜き去ろう！

03 》》》 立ち足を左に向けて、左へボールを持ち出すような感じで右足を引く

04 》》》 右足インサイドでボールに軽く触れる

07 》》》 右足を着地せずにそのままボールの右から左に回す

08 》》》 右足アウトサイドでボールを少し外側へ押し出す

10 》》》 右足インサイドでボールの右側から、矢印の方向へやや強めにタッチ

11 》》》 右足を地面に着いて、左方向へ抜ける

50

01
ボールを右足で持ち、
DFと間合いを保ちながら前へ

02
DFの動きに注意しながら
ボールを進める

05
インサイドで矢印の方向へ
軽く持ち出す

06
右ヒザを曲げて、
右足をボールからやや引く

09
押し出したボールを追い越すように
右足をボールの右側に回す

12
スピードを上げてDFから離れる

ココがポイント！
タッチの基本は
軽く→軽く→強く

イン、アウト、インの3つのタッチのタイミングとリズム感、強弱、そして軸足のステップの踏み方にも注意して練習してみよう。イン、アウト、インのタッチの強弱は、「軽く→軽く→強く」と意識する。重心を常に中心にキープし、体が横に流れないようにすることも重要だ。

難易度 C | オコチャの足裏≫またぎ | #19
足裏TYPE

ボールとすれ違う効果絶大の内またぎ

アフリカ屈指のファンタジスタ、オコチャによるドリブル・テクニック。
足裏ころがしからの大きな内またぎを、素早くスムーズに行なえばDFは置き去りにされるはず。

03 ボールの上に足裏をのせる

04 足裏でボールをなでて、矢印の方向へボールをころがす

07 ボールはそのまま左へころがす

08 右足で地面を蹴って、体をボールがある左方向へ

10 なるべく早くDFから離れる

11 状況を確認しながらボールを前へ持ち出す

オーガスティン・ジェイジェイ・オコチャ……1973年8月14日生まれ、ナイジェリア出身。イングランド・プレミアリーグのボルトン所属。独特のアイデアとテクニックを持つ、アフリカを代表するファンタジスタ。サッカーの楽しさを体現する選手だ。

01 ▶▶▶ 右足でボールを持ち、DFとの間合いを保ちながら前へ

02 ▶▶▶ 右足首を外側に開いてボールの上へ

05 ▶▶▶ ボールをころがした右足を地面に着き左足を交差させるように右へ送る

06 ▶▶▶ 左足を大きく自分の体の右側にステップしてボールをまたぐ

09 ▶▶▶ 左足を踏み出す

12 ▶▶▶ ルックアップして次のプレーへ

ココがポイント！
足先だけじゃなく体全体を移動する

最初の足裏でのボールのころがしは横にころがすように意識する。次の内またぎは、足先だけでまたぐのではなく、体も大きく横に移動してボールから離れる。そうすることによって、ＤＦもその動きに釣られるのだ。難しいステップだが、だんだんと速くできるよう練習しよう。

難易度 C　足裏》シザース　#20
足裏TYPE

超突破力を生む外またぎの進化形！

#19の「オコチャの足裏→またぎ」の逆バリエーション技。ボールをころがした足でそのまま外またぎを入れ、逆足のアウトでDFを置き去りにするテクニックだ

03 » インサイドキックをするように、右足をバックスイングする

04 » そのまま右足を振り下ろす

07 » 右足を内から外へ回して、外またぎを行なう

08 » またいだ右足を着地し、右方向への動きをストップ

10 » 左足アウトサイドでボールを押し出す

11 » DFが体勢を立て直す前に、DFから離れる

01 右足でボールを持ち、DFとの間合いを保ちながら、前へドリブル

02 DFの動きに注意しながら、そのまま前へ

05 右足裏でボールの上をなで、矢印の方向にボールをころがす

06 ボールをころがした右足を、そのままボールの前方やや内側に持ってくる

09 右足で地面を蹴って、左方向へ一気に飛び出す

12 状況を確認して次のプレーへ

ココがポイント！
足裏でのボールころがしをうまく調節しよう

まずはゆっくり歩きながら練習して、だんだんとスピードを上げよう。足裏でのボールころがしが強すぎるとボールが体から離れてしまい、かといって弱すぎるとDFがフェイントにかからないので、ボールのスピードに注意しよう。ステップの運びが難しいが、練習は粘り強く！

55

Column vol.3

ドリブル上達の近道

みんなストリートでうまくなった！

　ジダン、ロナウジーニョといったスーパースターたちは、どこでその技を磨いたのでしょう？

　マルセイユの団地で育ったジダンは、コンクリートの地面の上でサッカーをしていたそうですね。団地の中のちょっとしたスペースを使ってミニゲームを楽しんだり、そこに集まる仲間たちと新しい技を編み出すことに夢中になっていて、そんな中からマルセイユ・ルーレット（42ページ参照）も生まれたようです。誰かに教わったわけではないと思います。

　アルゼンチンに行ったときにも、強烈に感じたんですが、やっぱりサッカーは「教えてもらう」ものではありません。遊びの中で、自分で技を磨くのです。

　ジダンもロナウジーニョも、みんな「ストリートサッカー＝遊び」の中でうまくなりました。みなさんも、遊びながら、自由にプレーしてみてください。それがうまくなる近道なのです。

©MANABU TAKAHASHI

I'll be a new fantasista!
明日のファンタジスタは僕だ！

難易度D
Rank

D

難易度 **D** ロナウジーニョのアウト≫イン　#21

足首TYPE

ファンタジックな連続アウト・イン！

現代最高峰のテクニシャン、ロナウジーニョの得意技。
素早い連続ボールタッチで、DFを一瞬のうちに置き去りにしてしまおう！

03 ≫≫ 進路や視線をやや右寄りに取り、右に抜け出る意図をDFに意識させる

04 ≫≫ スピードを少し押さえながら、そのまま前へ

07 ≫≫ 右足アウトで右方向へ少しボールを進める

08 ≫≫ ボールの下を切るようにして右足をボールの内側から外側へ回す

10 ≫≫ ボールをDFの左側に運ぶ

11 ≫≫ 右足で地面を蹴って左方向へ

ロナウジーニョ……1980年3月21日生まれ、ポルトアレグレ（ブラジル）出身。パリ・サンジェルマンなどを経てバルセロナへ。いかにもブラジル的なイマジネーション豊かなテクニックを持ったスーパーテクニシャン。DFにとっていま最も怖い選手だ。

01	DFをやや右に見ながらドリブル
02	間合いを保ちながら、ボールを進める
05	足首を内側にひねって、右足をボールに向かって下ろす
06	右足のアウトサイドをボールの下に差し入れる
09	ボールの外側に回した右足のインサイドで左へ切り返す
12	次のプレーに進む

ココがポイント！
重心はなるべく中心に 足首はやわらかく

最初のアウトサイドのタッチの後、体の重心が右へ流れすぎないことが大切。次の動作が右足を地面に着けないままでの左方向への切り返しとなるため、体が右に流れてしまっては、切り返しは不可能となるからだ。ボールタッチのときの足首のやわらかさも重要だ。

難易度 **D** アウト ≫ イン ≫ アウト　#22

ロナウジーニョを超えるスーパー連続技

足首TYPE

#21の「アウト→イン」にさらにアウトをプラス。ボールを外や内に軽く出した後、そのボールを追い越して足を回しこむ足さばきを習得しよう。

03 ≫ 右足アウトサイドで軽く右へボールを持ち出す

04 ≫ 右足をそのままボールの右側へ回す

07 ≫ 右足アウトサイドをボールの左側に回す

08 ≫ 体全体を沈み込ませ、右足アウトでボールを右方向へ

10 ≫ ボールコントロールに注意してドリブルの体勢に

11 ≫ DFの体勢が崩れている間にDFから離れる

01 ⟫⟫	右足でボールを持ち、DFと距離を保ちながらドリブル
02 ⟫⟫	DFの動きに注意しながら前へ
05 ⟫⟫	右足インサイドでボールを軽く左方向へ押す
06 ⟫⟫	右足をそのまま右から左へ持っていく
09 ⟫⟫	ボールを押し出すように体全体で右方向へ大きく踏み出す
12 ⟫⟫	周りを確認して次のプレーへ

ココがポイント！
重心は常に体の中心に ボールを体から離さない

#08イン→アウト、#21アウト→インといった2タッチの連続技ができたら、この3タッチに挑戦してみよう。やはり重心を常に中心において、体が横に流れないようにすることが重要。ボールを常に体から離さないことも大切だ。慣れないうちは、止まった状態から始めてみよう。

難易度 **D**

マルティンスの引きずり押し #23

足首TYPE

DFの度肝を抜く180度回転！

ゴール前の密集地帯でDFを背負った状態から抜け出す、インテルのFWマルティンスの驚異的なテクニック。ライン際に追い込まれたときなどスペースがないときにも活用しよう！

03 ≫ 右足インサイドでボールにタッチしたまま、左足を軸にして体を左へ

04 ≫ さらにボールを引きずりながら体を回転させる

07 ≫ ボールを体の左側に持って行き、右足を地面に着く

08 ≫ ボールを取りに前に出るDFと入れ替わりながら前へと踏み出す

10 ≫ ボールをしっかりコントロールして抜け出る

11 ≫ DFが体勢を立て直さないうちに、離れる

オバフェミ・マルティンス……1984年10月28日生まれ、ラゴス（ナイジェリア）出身。イタリア・セリエAのインテル所属。10代からインテルのユースで育った。驚異的なスピードと恵まれた身体能力を生かしたプレーで、ゴールを陥れるストライカー。

01 >>> DFを背にして、ボールは両足の間に置く

02 >>> DFとの距離を確認して、タイミングをはかる

05 >>> DFの動きに注意しながら、なおもボールといっしょに体を左へ回転

06 >>> ややボールを手前に引き込む形で回転し、鋭く左へ

09 >>> 左足インサイドでボールを前に進める

12 >>> 状況を確認して、次のプレーへ

ココがポイント！
回転の最後の部分で少し手前にボールを引く

ボールを引きずりながら180度回転する最後の部分で、少しだけ手前にボールを引く。それにより、DFのタックルからより遠いところでボールをコントロールすることができ、ボールを失う可能性が低くなる。DFが近くにいて、スペースが狭い状態のときに使える便利な技だ。

難易度 **D** | またぎ ≫ 軸足押し ≫ アウト　#24

ステップTYPE

超複雑ステップで DFをパニックに！

ボールをまたいだ後に残った足でボールを押し、逆足のアウトで切り返すという非常に難しいテクニック。1対1の見せ場で決めれば、気分はファンタジスタ！

03 ≫ 左足をボールの手前やや右側に着く

04 ≫ 左方向に進む姿勢を見せながら

07 ≫ そのまま右足アウトサイドの横までボールをころがす

08 ≫ 両ヒザを大きく曲げ、体を沈み込ませる

10 ≫ 押し出した右足を地面に着き、スピードを上げ、前に

11 ≫ 状況を確認しながらボールコントロール

01 〉〉〉 ボールをやや離して前に置き、DFと適度な距離を保つ

02 〉〉〉 左足から1歩前に踏み出す

05 〉〉〉 右足で大きく内またぎをする

06 〉〉〉 左足のアウトサイド付近でボールを押す

09 〉〉〉 右足アウトサイドでボールを押し、右方向へ

12 〉〉〉 ドリブルの体勢に戻し次のプレーへ

ココがポイント！

軸足押しは
アウトサイドに近い位置で

非常に複雑なステップな上、またいだ後に残った足（軸足）でボールを正確に押さなければならない。軸足押しは、インステップとアウトサイドの中間の位置あたりでタッチするよう意識してみよう。ほかのまたぎ技同様、最初のまたぎは大きく行なってDFを混乱させること。

難易度 **D** ヒールリフト #25

浮き球TYPE

ボールが消える
漫画でおなじみの大技

『キャプテン翼』の翼クンが得意としているテクニック。自分の背中側にボールを通して、頭上に上げるため、DFの視界から完全にボールが消える。ぜひマスターして試合で試そう！

03 >>> 右足インサイドと左足カカトでボールをはさみ、右足をすり上げる

04 >>> ボールをふくらはぎの方へすりあげながら、軽く前方へジャンプ

07 >>> 上げたボールを見ながら、DFと入れ替わる

08 >>> DFの裏のスペースに出る

10 >>> DFから離れながら次のプレーをイメージ

11 >>> 周囲の状況に注意しながら、トラップの体勢に入る

01
DFとの距離を見ながら、技に入るタイミングをはかる

02
左足をボールの前方に踏み出し、カカトでボールを迎える体勢に

05
右足を前にステップしながら、左足ヒールでボールを上げる

06
地面に着地し、ボールがしっかりと上がったことを確認

09
ボールをよく見て落下地点を予想する

12
トラップして、次のプレーへ

ココがポイント！
前足のカカトと後ろ足のインサイドではさむ

後ろ足の使い方が大きなポイント。後ろ足のインサイドと前足のカカトでボールをはさんだ後、後ろ足をすり上げて、ボールを前足のカカトからふくらはぎの方へ上げる。このようにボールをしっかり上げれば、次のヒールキックでボールを自分の前に送ることができるはずだ。

67

難易度 D　もも》インステップ》頭越え　#26

浮き球TYPE

リフティングから右足1本で形勢逆転！

この技もライン際に追い込まれたときなど不利な場面から使えるテクニックだ。
ももとインステップのリズム良い動きで、DFの裏のスペースを狙おう！

03 >>> さらにボールをつきながら、DFとは逆方向にボールをやや強くつく

04 >>> ボールを浮かしたまま、逃げるようにステップしてDFを誘う

07 >>> 右足インステップでボールを引き戻すようにキックし、DFの裏へ

08 >>> ボールがDFに当たらないことを確認

10 >>> ボールを見ながら、DFと体を入れ替える

11 >>> 周囲の状況を確認しながら、落下地点へ素早く移動

01 >>> DFを背にしてリフティングを行なう

02 >>> DFの動きに注意して、タッチを調整

05 >>> 右ももで落ちてきたボールを受け、さらにもう1回DFと逆方向へつく

06 >>> 右足を地面に着けずにそのまま前へ振り出す

09 >>> 体を右に開いて、DFをよける

12 >>> 落下地点に入り、次のプレーへ

ココがポイント！
ももトラップを繊細なタッチで行なおう！

リフティングからのももトラップで、DFを誘わなければならないので、当然のことながら、ももトラップは、自分から見て前へ（DFと逆方向へ）少しボールを上げるような感じでやってみよう。そしてボールに釣られて寄せてきたDFの裏を、すかさずインステップで狙うのだ。

● 69

難易度 **D** ロナウドのすね ≫ インステップ ≫ 頭越え #27

浮き球TYPE

ミスキックならぬ超速トリック！

某スポーツメーカーのCMでロナウドが魅せたテクニック。すねでボールを蹴った後、間髪入れずにインステップでDFの裏へボールを送って、DFを抜き去ろう！

03 ≫≫ 胸トラップは、少しだけボールを上に上げるようにする

04 ≫≫ 落ちてきたボールに対し右足を上げる

07 ≫≫ 右に体を開きながら、ボールをしっかり見る

08 ≫≫ さらに体を右に開きDFと入れ替わる

10 ≫≫ ボールとともに前方の状況を確認

11 ≫≫ ダッシュで落下地点に向かいながらDFを一気に置き去りに

| 01 >>> | DFから離れて背を向けた状態で浮き球のパスを待つ |
| 02 >>> | DFの動きに注意しながら胸でトラップ |

| 05 >>> | ボールをよく見て、すねの真ん中より下の位置に当てる |
| 06 >>> | すねに当てたボールをすぐさまインステップで蹴り、DFの裏へ |

| 09 >>> | 落下地点を予測して、素早くDFの裏のスペースへ |

ココがポイント！

すねに当てることによってDFの足を一瞬止める

この技はすねに当てる効果に疑問が集まる。しかし、胸トラップから直接インステップで蹴ると、DFに読まれやすい。すねに当てることでDFは、攻撃側の選手が何をするのか、一瞬迷う。すねのタッチが、このスキを生むフェイントとなるのだ。想像以上に効果は大きいぞ。

| 12 >>> | 状況に応じた次のプレーをイメージ |

| 難易度 D | キャッチ・スナップ | #28 |

浮き球TYPE

大胆不敵な キャッチ・テク！

ボールを一度足の甲でキャッチし、そこから足首のスナップを使ってDFの裏のスペースへ浮き球を上げるという大胆な技。DFを手玉に取る快感を味わおう！

03 >>> ボールが足の甲に乗る瞬間に、スッと足を下げてボールの勢いを吸収する

04 >>> 足の甲に乗ったボールを、すねと甲ではさむ

07 >>> スナップを利かせて足首を素早く曲げ、ボールをDFの裏のスペースへ放る

08 >>> 走り込むDFの頭上をボールが確実に越えることを確認

10 >>> DFを置き去りにして、ボールの落下点へ

11 >>> 周囲の状況を確認して、次のプレーをイメージ

01 ››› 距離を取ってDFを背にし、バウンドしながら向かってくるボールを待つ	**02** ››› ボールが落ちてくるところに右足を差し出す
05 ››› ボールをキープした状態になり、DFのチェックを誘う	**06** ››› チェックに来るDFの動きに合わせ体を後ろに傾け、右足を上げる

09 ››› 体を右に開きながらDFと入れ替わる

12 ››› ボールにアプローチ

ココがポイント！
足全体で飛ばすのではなく足首のスナップで飛ばす

ボールはあまり高い位置でキャッチせず、ヒザ下あたりでキャッチしよう。ボールを飛ばす際は、足首を固定して足全体を使って飛ばすのではなく、あくまで足首のスナップでボールを飛ばすことを意識しよう。そうすることによって、DFにプレーを読まれにくくするのだ。

難易度 D 　足裏 ≫ イン ≫ カカト上げ ≫ 頭越え　#29

浮き球TYPE

華麗な連係ヒールで DFも唖然の大技

足の裏でころがし、逆足のインサイドでボールを上げ、上がったボールをヒールで蹴ってDFの頭上を越す空中利用のテクニック。少し離れたDFを誘い出して試してみよう！

03 ≫≫ 右足を前方に送りながら、ボールを左足のインサイドに当てて上げる

04 ≫≫ 上がったボールをよく見ながら、右足を交差して前にステップ

07 ≫≫ ボールがDFを越えて、裏のスペースへ落ちるようにコントロール

08 ≫≫ ボールがしっかりコントロールできていることを確認

10 ≫≫ 落下地点を予測して素早く移動

11 ≫≫ ボールを見つつも、周囲の状況を確認

01 >>> （DFは自分の左側に離れている状況）

02 >>> 前に置いた左足に向けて、ボールを右足裏でころがす

05 >>> ボールをしっかり見たまま、左足を小さく前方にステップ

06 >>> 落ちてくるボールに対し、右足カカトの外側でキック

09 >>> ボールとDFの位置に注意しながら、DFと入れ替わる

12 >>> 次のプレーをイメージしながらボールの落下地点へ

ココがポイント！
ボール上げのコツは足を少し浮かすこと

インサイドでのボール上げの際に、ボールの当たる位置はインサイドのやや前方。ボールが当たる瞬間に、足のインサイド側を地面より少しだけ浮かせることによって、ボールをうまく上げることができる。また、ボールを受ける前にDFとある程度の距離があることも確認しておこう。

難易度 D ボール上げ ≫ 蹴りまね ≫ 頭越え　#30

究極フェイントに
DFも思わずのけぞる

浮き球TYPE

DFが離れた状態でボールを上げ、落ちてきたボールを実際に蹴るのだが、「切る」タッチでボールを目前で回転させ、もう一度DFが来たところで頭上を抜く。最終兵器的テクニックだ。

03 ≫≫≫ ボールを引いた右足をそのままバックスイングする

04 ≫≫≫ 落ちてきたボールをもう一度右足で軽く蹴り上げる

07 ≫≫≫ インステップでボールの下を切るように蹴る

08 ≫≫≫ ボールは逆回転がかかり、自分の体の前で浮いた状態となる

10 ≫≫≫ ボールが落ちる前に右足インステップで、DFの頭上を越すボールを蹴る

11 ≫≫≫ ボールがDFの頭上を越えるのと同時に、すかさずDFの裏へ走り込む

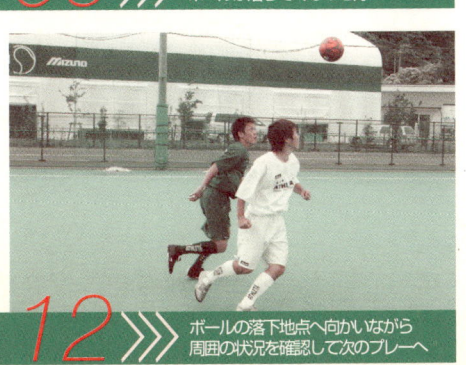

01 ≫≫	DFが、すぐに飛び込めない距離を保ち、右足裏でボールを押さえる
02 ≫≫	ボールを引いて、左足つま先のやや内側に当てて上げる
05 ≫≫	上がったボールをよく見て、キックモーションに入る
06 ≫≫	大きく前方に蹴り出すかのように、右足をバックスイング
09 ≫≫	DFを再び引き寄せるため、ボールが落ちてくるのを待つ
12 ≫≫	ボールの落下地点へ向かいながら周囲の状況を確認して次のプレーへ

ココがポイント！
ボールを切るテクニックがプレーの幅を広げる

このテクニックのポイントは、ボールに逆回転を与える技術。ボールの下部分を後方から前方へ鋭くインステップで切るように蹴り、自分の体のすぐ近くでボールが浮きながら回転するように練習しよう。その蹴りまねに対するDFの反応をよく見て、次のプレーを選択する。

77

エピローグ

　この本を読んで「こんな技、本当に試合で使えるの？」そんな風に思ったキミこそ、ぜひ練習や試合でチャレンジして欲しい！

　日本のサッカーは、これまで「失敗をできる限り少なくすること」を考えてきました。でも、これから先、さらに上のレベルを目指すのなら、当たり前のプレーでは通用しなくなります。相手の裏をつくためには「失敗を恐れないプレー」が絶対に必要となってくるのです。相手が予想できない意外性のある動き、それはアイデアを大切にし、楽しみながらプレーすることで生まれます。

　そして、それこそがフットサルやサッカーの本来の魅力です。世界の一流選手たちもそうしてボールと遊び、楽しむ中でテクニックを競い合い成長したハズ。

　遊びこそ創造力の源泉。ボールと仲良しになり、チャレンジする気持ちを大切にしながら、さぁ、一緒にボールを蹴ろう！

著者

広山晴士（ひろやま　はるお）Haruo Hiroyama

1971年6月16日生まれ。愛知県刈谷市出身。小学4年からサッカーを始め、小学生時代は刈谷サッカースクール、中学時には刈谷81FCでプレー。静岡県の名門、静岡学園高で活躍後、ジャトコ・サッカー部（東海リーグ2部）〜読売ジュニオール（日本リーグ2部）を経て、92年にヴェルディ川崎（当時）に入団。94年からTV番組を始め、数々のフットサルイベント、サッカー教室に参加。現在は、esporte藤沢の代表として後進の育成に励む。

モデル協力

佐々木竜也（ささき　たつや）

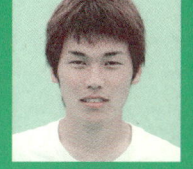

1986年2月13日生まれ。宮城県栗原郡栗駒町出身。アシスタントコーチとして、esporte藤沢をバックアップする指導スタッフ。

esporte藤沢
（エスポルチ ふじさわ）

1998年、テクニック重視の個性的な選手育成をモットーとして、神奈川県藤沢市に設立された。小学1年〜6年生までのジュニアクラス、中学生によるジュニアユースを中心に活動中。イマジネーションとテクニックの溢れる個性的な選手輩出で、広く知られている。チームの公式HPは、
http://park7.wakwak.com/~esporte/

撮影協力

ミズノフットサルプラザ藤沢

〒251-0021　神奈川県藤沢市村岡東1-5-8
http://www.mfpnet.com/fjs_f.html

esporte藤沢が活動拠点とするフットサル競技場。夜間ナイター設備付きのコートは完全人工芝の4面。男女更衣室＆シャワー室、120台分の駐車場も完備。Jリーグ、湘南ベルマーレのコーチによる初心者を対象にしたフットサル教室を始め、男女、年代、経験をベースにさまざまなカテゴリーに分けられた各種イベントも随時開催している。湘南の街の広々とした開放的な環境が快適な施設だ。

フットサル&サッカーで使える超絶テクニック30

エスポルチ藤沢・広山晴士の
ドリブルで1対1に勝つ!!

2004年11月1日　初版第1刷発行
2006年2月15日　初版第11刷発行

著者	広山晴士
企画・構成	山田隆
発行人	小畑誠治
編集人	中村　聰
編集	古屋大輔
写真	高橋学
デザイン・DTP	2'nd Line
DVD制作	(株)プロシード
DVDオーサリング	(株)ピコハウス
映像撮影	(有)スーパーボム

発行所　株式会社MCプレス
〒100-0003
東京都千代田区一ツ橋1-1-1 パレスサイドビル
電話　03-6267-4400(販売)
　　　03-6267-4403(編集)

http://book.mycom.co.jp/MCPRESS.shtml

印刷・製本　共同印刷株式会社

※定価はカバーに表示してあります。
※付録DVDおよび本書の内容に関するご質問は、電話では受け付けておりません。
　恐れ入りますが、本書編集部まで葉書、封書にてお問い合わせ下さい。
※落丁本、乱丁本、付録の欠損についてのお問い合わせは、
　TEL 048-485-3011(注文専用ダイヤル)までお願いします。
※本書および付録DVDを無断で複写・複製(コピー)することは
　著作権法上の例外を除き禁じられています

ISBN4-901972-22-7　C0075
©2004 Haruo Hiroyama
Printed in japan